PORTRAITS CONTEMPORAINS

M. GUIZOT

PAR

ÉDOUARD LANGERON

PROFESSEUR D'HISTOIRE AU LYCÉE DE LA ROCHELLE

LA ROCHELLE

TYP. A. SIRET, PLACE DE L'HOTEL-DE-VILLE, 3

1875

M. GUIZOT

PORTRAITS CONTEMPORAINS

M. GUIZOT

PAR

ÉDOUARD LANGERON

PROFESSEUR D'HISTOIRE AU LYCÉE DE LA ROCHELLE

LA ROCHELLE

TYP. A. SIRET, PLACE DE L'HOTEL-DE-VILLE, 3

1875

M. GUIZOT.

> « Il a ouvert, comme historien de nos vieilles institutions, l'ère de la science proprement dite ; avant lui, Montesquieu seul excepté, il n'y avait eu que des systèmes. »
>
> Augustin THIERRY. *Récits mérovingiens*, chapitre IV.

Au milieu de l'année 1794, on vit arriver à Genève une femme en habits de deuil, et tenant par la main deux jeunes enfants dont l'aîné n'avait pas sept ans. C'était une française qui fuyait le sol de la patrie. Sa famille avait été dispersée par l'ouragan révolutionnaire, et son époux, victime d'une opposition courageuse au régime de la Terreur, venait de porter sa tête sur l'échafaud. Elle s'appelait Madame Guizot.

Sans parents, sans amis, sans protecteurs et sans fortune, n'ayant pour toutes ressources qu'un cœur ferme et une volonté droite, la veuve du condamné comprenait bien quelle tâche immense lui était désormais imposée. Quoique son visage portât l'empreinte d'un chagrin amer, elle paraissait moins frappée de l'étendue de ses malheurs que de celle de ses devoirs. Elle s'installa modestement dans le quartier du Temple, et sans hésiter, elle se mit à l'œuvre dans le dessein d'élever virilement ses enfants.

M. Guizot père appartenait à une famille protestante du département du Gard ; ses deux fils avaient vu le jour à Nîmes, la vieille cité phénicienne. Comme tous les hommes de cette forte génération de penseurs, M. Guizot était imbu des principes nouveaux qu'avait propagés la littérature militante du XVIII° siècle ; et voulant laisser après lui des marques vivantes de ses opinions et de ses idées, il avait placé ses fils sous le patronage philosophique des deux plus grands hommes de ce temps-là, Voltaire et Rousseau. C'est pourquoi l'aîné avait reçu le prénom de *François*, et le second celui de *Jean-Jacques*. François et Jean-Jacques Guizot montraient déjà une intelligence remarquable, une vive et précoce imagination ; et tout faisait prévoir qu'ils deviendraient un jour des hommes distingués, pour peu qu'on prît soin de cultiver dans leurs âmes les facultés précieuses que la nature leur avait départies. C'était pour accomplir la dernière volonté de l'époux qu'elle avait perdu, que Madame Guizot s'était réfugiée à Genève, où son calvinisme fervent ne pouvait la rendre suspecte.

Rien de plus touchant que l'existence précaire de cette famille malheureuse sous le ciel glacé de l'étranger. Madame Guizot avait concentré sur les deux fils qui lui restaient tout ce qu'elle avait au fond du cœur de dévouement maternel et de tendresse héroïque. Ceux-ci répondaient noblement à la sollicitude dont ils étaient entourés. Jamais enfants ne furent plus ardemment chéris par leur mère; nulle mère ne fut plus religieusement adorée par ses enfants. Les fils ne cherchaient qu'à faire oublier les injustes rigueurs du passé; la mère ne songeait qu'à préparer les succès et les joies de l'avenir. Tous trois vivaient de souvenir et d'espérance, n'ayant trouvé, dans leur infortune, d'autre compagnon d'exil que cet ami toujours sincère, le seul qui donne exactement tout ce qu'il promet, et qu'on appelle le Travail. C'est à la faveur de cette éducation à la fois virile et tendre que François Guizot grandit en savoir et en vertu, et qu'il trempa vigoureusement ses armes pour livrer plus tard le rude combat de la vie. A vingt ans, il parlait facilement l'anglais, l'allemand, l'espagnol, l'italien; il connaissait à fond les littératures grecque et latine; et déjà il s'était livré à ces recherches étendues et à ces méditations profondes, qui ont fait de lui le premier historien de son temps.

Ce fut après la proclamation de l'Empire, en 1805, que François Guizot se décida à quitter la Suisse. Il était alors précepteur des enfants du génevois Stapfer. Pauvre et obscur, il attendait peu de la faveur des puissants du jour, mais il comptait beaucoup sur lui-même. Un jeune homme qui arrive à Paris avec quelques recommandations et qui s'annonce par des talents est toujour sûr d'être bien accueilli. M. Guizot le fut. Presque aussitôt un vieil ami de son père l'introduisit dans le salon de M. Suard, où l'on trouvait encore comme un écho littéraire du siècle qui venait de finir. C'est là que se réunissaient les philosophes et les lettrés, tous ceux qu'à cette époque on appelait dédaigneusement les *idéologues*. C'est là aussi que M. Guizot rencontra pour la première fois une jeune fille d'un esprit distingué, Mademoiselle Pauline de Meulan, qui lui inspira tout d'abord une vive sympathie, et qu'il devait bientôt associer à sa fortune en lui donnant son nom.

Quelques années plus tard, un décret du 17 mars 1808 créa l'Université impériale, et Napoléon en confia la direction suprême à un poète délicat et fleuri, M. de Fontanes, qui se mit à régenter les professeurs comme le vainqueur d'Iéna régentait les peuples, et que pour ce motif on a surnommé l'*Empereur des Ecoles*. M. de Fontanes avait à cœur de répondre à la confiance du maître. Voulant sérieusement organiser l'enseignement public, il était en quête de jeunes talents qui pussent donner du lustre à l'institution nouvelle. Des articles remarquables dans le *Publiciste* et les *Annales de l'Education*, un nouveau *Dictionnaire des synonymes français*, une bonne édition de l'*Histoire romaine* de Gibbon, avaient attiré sur le nom de François Guizot la faveur du public et les regards du monde savant. Le Grand-Maître de l'Université sentit tout le prix d'une pareille conquête ; il offrit à M. Guizot la chaire d'histoire de la faculté des lettres de Paris : M. Guizot accepta.

Ce n'était pas la première fois qu'on voyait paraître dans une chaire publique un professeur spécial d'histoire. L'essai en avait été tenté par la Convention nationale, lorsqu'au sortir d'une crise terrible, elle créa ces cours brillants et éphémères, connus sous le nom d'*Ecoles normales*, et qu'il ne faut pas confondre avec notre Ecole normale supérieure de 1810. Ce fut M. de Volney, l'auteur célèbre du livre des *Ruines*, qui inaugura en France le système des cours publics d'histoire, mais c'est à M. Guizot que revient l'honneur de les avoir rendus populaires. D'ailleurs l'occasion était bonne pour ramener les esprits à l'étude féconde des événements du passé. L'histoire est une plante robuste qui ne germe bien que sur un sol labouré par les révolutions. Tant que le monde réel garde le silence, les hommes ne sont accessibles qu'au sentiment de la poésie, parce qu'ils n'ont pas encore la mesure exacte du vrai. Pour se complaire au récit des faits certains, c'est-à-dire pour passer des vers à la prose, de la légende à la chronique, il faut qu'un choc violent ait brusquement réveillé les âmes. C'est de l'émotion des guerres médiques que naquit le premier historien grec, Hérodote ; c'est du tumulte des croisades que sortit le premier chroniqueur français, Villehardouin. Au lendemain de cette grande mêlée qu'on appelle la Révolution française, il devait nécessairement se produire une réaction dans la littérature. A travers tant de figures tragiques et de journées sanglantes, on put apprécier enfin les hommes et les choses ; à la tragédie inventée succéda la tragédie réelle ; et c'est ainsi que l'Histoire sortit de la tête de la Révolution, tout armée de la pique, comme une Pallas d'airain.

Jusqu'alors, en effet, l'histoire n'avait été qu'un art agréable, qui permettait aux lettrés délicats de montrer la valeur de leur style et quelquefois, disons-le, la pauvreté de leurs aperçus. Ce n'était point encore une science précise où les faits s'expliquent, où les idées s'enchaînent. Et le motif en est facile à comprendre. L'homme n'occupant qu'un point dans l'espace et le temps, aperçoit d'abord autour de lui un petit cercle éclairé ; au-delà est un demi-jour ; puis l'obscurité ; puis la nuit profonde qui, de toutes parts, l'environne (1). On ne songea point d'abord à percer ces ténèbres. Pour les premiers historiens, l'histoire était encore une épopée, un peu plus réelle que l'autre, mais sans racine dans le passé, sans influence sur l'avenir. On ne cherchait dans le tableau d'un événement que le plaisir du lecteur et la réputation de l'écrivain. Thucydide, Thucydide lui-même avait fait de la guerre du Péloponnèse comme le résumé de l'histoire grecque, et de la Grèce il faisait le centre du monde. Ni lui ni ses successeurs n'avaient eu l'idée de l'enchaînement des faits historiques. La vie des peuples ne leur apparaissait que dans ses phases brillantes, et c'est pourquoi l'histoire des nations antiques devait tomber fatalement, avec Plutarque, dans le moule incomplet et faux de la biographie.

Mais quand on eut bien constaté l'instabilité des choses humaines, quand on eut comparé la puissance des empires avec la brièveté de leur existence et la rapidité de leur chute, on s'aperçut enfin que les nations étaient des êtres collectifs et vivants, dont il fallait découvrir les débuts, signaler l'apogée et expliquer la décadence. On comprit que sous tant de

---

(1) Taine. *Essai sur Tite-Live*, page 119.

grandeurs et de ruines se cachait un plan méthodique, tracé par la mystérieuse puissance qui gouverne le monde ; que l'histoire n'était pas seulement un art divin, comme la peinture, mais une science précise, comme la morale, et qu'il fallait nécessairement en indiquer les principes, la marche et le but.

C'est de là qu'est sortie cette grande et merveilleuse idée de l'histoire universelle, dans laquelle les faits politiques se lient les uns aux autres comme les anneaux d'une chaîne infinie. Ce point de vue transcendantal permet à l'historien de s'appuyer sur un principe fixe autour duquel tous les accidents de l'histoire se déroulent, non d'après le caprice du hasard, mais suivant un ordre éternel. La vie individuelle se confond ainsi avec la vie des nations, et la vie des nations peut se ramener à la loi du progrès, inséparable de l'idée de justice.

Il faut remonter haut pour retrouver, à travers les âges, la trace de cette idée féconde. Elle est déjà en germe dans Eusèbe ; elle apparaît plus claire et plus développée dans les méditations de Saint-Augustin ; au moyen-âge, elle languit ; elle disparaît tout-à-fait au siècle de la Renaissance, trop facilement imitateur de la rhétorique grecque et latine. Mais enfin arrive Bossuet qui s'empare de l'idée, la mûrit, la féconde, et en fait le sujet d'une magnifique leçon d'histoire, adressée au Dauphin, fils de Louis XIV. (1)

---

(1) J'ai, dans un autre ouvrage, assez vivement critiqué le *Discours sur l'histoire universelle*, mais cela ne m'empêche pas de reconnaître qu'au point de vue de la forme et du style, du savoir et de l'éloquence, Bossuet est, après Pascal, le plus grand écrivain de la littérature française.

C'est alors qu'apparaît l'immortel auteur de l'*Esprit des lois*, et c'est grâce à la clarté qu'il a répandue sur le vaste domaine de l'histoire que M. Guizot a pu parcourir avec tant d'éclat sa longue et glorieuse carrière. En montant pour la première fois dans sa chaire de la Sorbonne, il était préparé par de fortes études à son double rôle de philosophe et d'historien. Il savait bien qu'on ne pouvait désormais intéresser le grand public en lui donnant, comme autrefois, quelques brillantes amplifications de collége, copiées dans Saint-Réal ou dans Vertot. Et au lieu de refaire, devant un auditoire fatigué, l'éternel procès de la reine Brunehaut, il entreprit de jeter un coup-d'œil sur les idées, les mœurs et les institutions. C'est de cette pensée philosophique que devaient sortir, en 1821, l'*Histoire du gouvernement représentatif*, et, en 1828, l'*Histoire de la Civilisation*.

Jamais idées plus justes ne furent développées avec plus de talent et de savoir. Les hommes de cette époque connaissaient ou croyaient connaître les faits de l'histoire de leur pays ; mais bien peu auraient pu dire exactement lequel de nos rois a signé l'ordonnance de Blois ou de Moulins et quel grand ministre en fut le promoteur. M. Guizot comprit bien vite que les faits ne sont rien sans les idées qui les produisent, et que les événements n'ont aucune portée morale, s'ils ne servent pas à expliquer le but de l'humanité. C'est pourquoi il entreprit de montrer le lien qui unit les institutions, comme Herder avait trouvé la loi qui règle les événements. Et ce fut tout d'abord un grand sujet d'étonnement pour ceux qui l'écoutaient, d'apprendre que les constitutions qui nous régissent ne sont pas sorties en un seul jour du cerveau d'un seul homme ; qu'il y a dans le passé des traces certaines de nos institutions et de nos lois ; et que, pour en retrouver l'origine, il faut souvent remonter jusqu'aux peuplades franques et quelquefois jusqu'aux tribus gauloises.

Qu'est-ce donc en effet que la civilisation, sinon le développement social des nations et le développement moral des individus ? Partant de cette idée comme d'un axiome, M. Guizot étudie chaque époque sous ce double point de vue ; et il montre, à travers les faits qui se déroulent, la transformation, tantôt pacifique et lente, tantôt violente et tourmentée, des croyances, des sentiments, des idées, des mœurs, des relations sociales et des institutions politiques. Pour soutenir sa thèse, il tient à son service une érudition profonde, une complète connaissance de tous les monuments de la science. Pas une source où il n'ait largement puisé ; pas un livre qu'il n'ait lu, annoté et médité en silence. A chaque fait qu'il avance il apporte la preuve. Il ne redoute ni contradiction ni critique, parce qu'il a vu et qu'il est sûr. La loi salique et la loi des Ripuaires, la loi visigothe et la loi Gombette lui sont aussi familières que le Code civil et le Concordat. Il connaît le droit romain comme Savigny et le moyen-âge comme Du Cange. Il sait par cœur les livres des Bénédictins et l'histoire de l'Église mieux que l'abbé Fleury. Ceux qui l'écoutaient alors étaient charmés de trouver dans ce jeune historien une telle étendue de connaissances unie à une si grande élévation de pensée. Toutefois, ils jugeaient son cours plus solide que brillant. Car les débuts de M. Guizot n'ont pas eu tout d'abord, qui le croirait? le retentissement de ceux de M. Villemain. Son aspect était froid et même un peu roide. Sa phrase était lente et parfois monotone. Chez lui nul souci de l'effet, nul soin de la renommée. Content d'avoir semé une idée juste, il se croyait assez payé de sa peine, et il retournait bien vite à ses livres afin de préparer une moisson nouvelle. Pour que le talent de M. Guizot fit éclat dans la foule, il ne fallut rien moins que le prestige d'une persécution jalouse. Ses cours ne devinrent populaires que le jour où ils furent brusquement suspendus. (1)

Qui donc pouvait penser alors que ce jeune homme sévère avait en lui l'étoffe d'un véritable orateur ? Ceux qui l'ont vu dans sa chaire, et qui, plus tard, l'ont retrouvé à la tribune, ont-ils bien reconnu dans l'homme d'État de la monarchie de Juillet le calme professeur de 1812 ? C'est que, pour donner à sa parole toute la véhémence oratoire, il fallait à M. Guizot l'aiguillon de la controverse et le tumulte des assemblées. Également attiré vers les hautes abstractions

---

(1) En 1821, M. Guizot avait pris pour sujet de son cours l'antagonisme des Francs et des Gaulois. « La Révolution, disait-il, a
» été une guerre, la vraie guerre telle que le monde la connaît
» entre peuples étrangers. Depuis plus de treize siècles, le peuple
» vaincu luttait pour secouer le joug du peuple vainqueur. Notre
» histoire est l'histoire de cette lutte. De nos jours, une bataille
» décisive a été livrée ; elle s'appelle la Révolution. »

M. de Villèle vit dans cette phrase une déclaration de guerre à la royauté légitime. En conséquence, il interdit les leçons du jeune professeur, qui ne remonta dans sa chaire que sous le ministère libéral de M. de Martignac. C'est alors que M. Guizot prit le parti d'imprimer ses cours, afin de faire connaître au public et ce qu'il avait perdu en 1822 et ce qu'il avait reconquis en 1828.

de la pensée et vers les luttes corps à corps, il ne se sentait à l'aise qu'au milieu de ses adversaires. C'est au feu des passions politiques qu'il forgeait ses arguments les plus décisifs. Il était beau alors, lorsque abordant la tribune, il venait défendre une loi nouvelle ou combattre une interpellation hostile ! Quelle énergie dans son regard ! Quelle autorité dans son geste et dans son organe ! Le corps droit et presque immobile, la figure toujours grave jusque dans son sourire, la main gauche passée dans son habit boutonné, tel il apparaissait dans toute la raideur de son dogmatisme austère, laissant tomber de sa lèvre dédaigneuse des paroles tour à tour mordantes et glacées. Au milieu de tant d'orateurs fameux, il brillait d'un éclat en même temps plus ardent et plus sombre ; il égalait les plus grands par la puissance de sa dialectique et l'incomparable vigueur de ses apostrophes. Ne cherchez en lui ni la splendeur de Berryer, ni le cœur éclatant de Lamartine, ni l'ironie accablante de Montalembert. M. Guizot ne veut ni plaire, ni toucher, ni irriter. Son but est d'affirmer, de démontrer, de convaincre. On a dit de l'un de ses rivaux qu'il avait trouvé sur la tribune la massue de Mirabeau et qu'il en avait fait des flèches. L'éloquence de M. Guizot n'est ni une flèche ni une massue : c'est une barre d'acier qui s'oppose à l'invasion des idées. Voilà pourquoi sa parole, quoique puissante et admirée, a toujours paru plus vigoureuse que souple et plus impérieuse que persuasive.

Mais quels qu'aient été les succès oratoires de M. Guizot, les admirateurs de son talent d'écrivain ont bien souvent regretté son élévation au pouvoir. Le temps qu'il a consacré aux affaires publiques leur paraît un vol commis au préjudice de la science historique; et il en est beaucoup, même aujourd'hui, qui donneraient le recueil entier de ses discours pour un livre de plus dans le catalogue de ses œuvres. Nous ne saurions, quant à nous, partager cette opinion trop absolue. En effet, la politique et l'histoire ne sont au fond qu'un seul et même art. L'histoire, c'est la politique qu'on a faite ; la politique, c'est l'histoire qu'on fait. Entre l'histoire et la politique il y a le même rapport qu'entre la cause et l'effet. Quelle est la première qualité de l'historien ? Le sens du réel. Or, comment pourra-t-on le développer ou l'acquérir, si l'on habite constamment la région des idées, et si l'on ne manie quelquefois les hommes et les choses ? Quelle est la qualité essentielle de l'homme d'Etat ? Le sens pratique. Or comment pourra-t-on résoudre les questions contemporaines, presque toujours contenues en germe dans les événements du passé, si l'on ne possède la connaissance approfondie des institutions écroulées et des sociétés disparues ? Sans l'expérience politique, l'historien s'expose à glisser dans la légende. Sans la science historique, l'homme d'Etat risque de verser dans l'utopie. Et de là je tirerai cette conclusion toute naturelle qu'on ne saurait être un bon historien quand on n'est pas en même temps un homme politique, et que réciproquement on ne peut pas être un homme politique, si l'on n'est quelque peu un historien.

Toutefois, le moment n'est pas venu de porter sur

la vie publique de M. Guizot un jugement impartial et définitif. Les événements auxquels il a attaché son nom sont encore trop récents pour qu'on puisse en faire le sujet d'une discussion désintéressée. Comme la statuaire, l'histoire est entièrement soumise aux lois de la perspective. Dans un fait politique, les contemporains ne saisissent bien que les détails; au contraire, ce qui frappe la postérité, ce sont les grandes lignes et l'ensemble. Les passions du moment soulèvent presque toujours autour de nous un nuage de poussière; et suivant la place qu'on occupe dans la mêlée des partis, on n'aperçoit qu'un point de l'édifice ou un côté de la statue. Telle est la raison qui nous empêche, dans l'histoire contemporaine, de juger sainement les faits, les institutions et les hommes. Mais quand les intérêts froissés ont disparu, quand les sentiments irréfléchis se sont évanouis, alors la raison reprend tout son empire; on peut apprécier à leur juste valeur l'enthousiasme exalté des uns et le superbe mépris des autres; on pèse équitablement les événements et les hommes, et l'on est en droit de prononcer enfin un jugement sans appel.

Cependant, malgré la réserve qui nous est imposée, nous pouvons rechercher si M. Guizot a toujours suivi la route escarpée du devoir, et si dans la vie publique, où tant de réputations s'écroulent, il a su conserver du moins toute sa valeur morale.

Or, sur ce point délicat le doute n'est pas un seul instant possible. La politique de M. Guizot reposait sur des principes, non sur des intérêts. Jamais il n'a fait de ses opinions et de ses croyances un trafic vulgaire ou un moyen de parvenir. De bonne heure, il a voué sa vie à une cause qu'il croyait juste, et cette cause, il l'a fidèlement servie depuis le premier jour jusqu'à la dernière heure. Durant l'espace de plus de trente années, on ne surprit en lui ni défaillance de cœur ni faillite de conscience. Il marchait droit au but, sans jamais regarder en arrière, comme un athlète jaloux de parcourir le stade ou comme un soldat qui défend l'honneur de son drapeau. Quand les événements lui eurent donné tort, et qu'une révolution soudaine l'eut précipité du ministère, il n'a point gémi sur l'inconstance des hommes, il n'a pas cherché à revenir aux affaires, et, dans les longues heures de son inaction forcée, il n'a jamais été envahi par cette lèpre morale qu'on a spirituellement nommée la maladie du pouvoir perdu.

C'est alors qu'il s'est retiré au Val-Richer, qu'il a repris ses cahiers et ses livres, et pour se venger de la destinée, il s'est remis à composer des chefs-d'œuvre.

De tous les ouvrages qui sont sortis de sa plume, aucun ne me semble plus accompli que sa belle *Histoire de la Révolution d'Angleterre*. Et c'est peut-être autant dans le choix du sujet que dans la composition du livre qu'éclate le sens philosophique de ce rare écrivain. L'histoire, en effet, consiste dans la peinture fidèle de la société et le tableau animé des passions humaines. Or ces passions de l'homme, suivant les moyens qu'elles emploient ou le but qu'elles se proposent, produisent tour à tour, dans le cours orageux des siècles, des actions romanesques, des événements tragiques, quelquefois même atteignent les proportions de l'épopée. C'est ainsi que les grands hommes se partagent, d'après les inspirations de leur génie, tous les éléments dont se compose le drame éternel.

Alexandre, César, Charlemagne et Napoléon sont des personnages épiques, parce qu'ils dépassent les proportions de la nature humaine, et qu'ils résument en eux les idées, les sentiments, les aspirations, les vertus et les vices de tout un monde qui va disparaître.

Marie Stuart, Charles Ier, don Carlos et Louis XVI sont des personnages tragiques, parce que, plus que l'Œdipe antique, ils ont subi les caprices de cette divinité immorale et farouche qu'on appelle le Destin.

Richard Cœur-de-Lion, Charles-le-Téméraire et Charles XII sont des personnages romanesques, parce que leurs exploits et leurs aventures, sans motifs judicieux et sans intérêt politique, n'ont eu d'autre résultat que d'exciter un instant la fiévreuse attention des contemporains et de provoquer plus tard les sévérités de l'historien.

Parmi tant de héros, également fameux, lequel devait tenter la plume savante et grave de l'auteur des *Méditations morales*? Il n'avait pas assez d'enthousiasme pour choisir un sujet épique, et trop peu d'imagination pour traiter un sujet romanesque. Mais il avait vécu au milieu des orages, il aimait à en retracer le tableau. Aussi, tandis que son glorieux émule coulait en bronze la statue en pied du soldat d'Arcole,

M. Guizot se mettait à sculpter en marbre le buste du condamné de Whitehall.

Je ne connais pas d'histoire plus émouvante que ce long duel du pouvoir royal avec la prérogative parlementaire, où se détachent, au début l'insouciante physionomie de Charles Ier, et à la fin, la figure mystérieuse du général Monk. Entre celui qui a perdu la monarchie par son imprévoyance et celui qui l'a restaurée par sa duplicité, il y a place à la fois pour de grandes actions et de nobles caractères, pour des actes vils et des personnalités infâmes. Toutes les passions humaines s'agitent, confuses et sanglantes, dans cette lutte suprême de l'absolutisme et de la liberté. Buckingham représente le favoritisme ; Strafford, l'ambition malhonnête ; Laud, l'intolérance ; Hampden et Prynne, le courage civique ; Montrose, la fidélité ; Cromwell enfin, le fanatisme poussé jusqu'au génie. Rien ne manque à cette tragédie grandiose : ni les chutes éclatantes, ni les élévations subites, ni les exécutions lugubres, ni les abdications honteuses. On y voit briller du plus vif éclat la plume, la parole et l'épée. Les soldats discutent comme des orateurs ; les orateurs se battent comme des capitaines. Le droit, tour à tour invoqué et méconnu, sert, suivant l'occasion, de moyen pour atteindre le but ou de but pour justifier les moyens. Comme on comprend bien que, pour retracer ces terribles vicissitudes, il fallait la plume d'un Tacite et le pinceau d'un Rembrandt ! Les Anglais eux-mêmes n'avaient pas trouvé d'historien capable de raconter ces faits mémorables et d'en tirer la philosophie. Il fallut qu'un Français vînt en rassembler les détails, en expliquer les causes, en marquer les inévitables conséquences. Et ce sera l'éternel honneur de M. Guizot d'avoir traité un pareil sujet de manière à décourager pour longtemps toutes les tentatives. Sous l'impression de ces formidables événements, son talent d'écrivain subit une transformation imprévue. Son style, jusqu'alors un peu raide, devient tout-à-coup plus brillant et plus souple. L'émotion, que l'auteur ne peut plus contenir, éclate en pages quelquefois brûlantes et passionnées; et quand il raconte les derniers moments du petit-fils de Marie Stuart, le lecteur, entraîné par le récit, a peine à retenir ses larmes.

C'est vraiment une étude curieuse de suivre, à travers tant d'ouvrages remarquables, le développement de cet esprit si profond et si juste. Buffon disait dans sa vieillesse : « Je sens que j'apprends chaque jour à écrire. » Le mot serait bien plus vrai encore dans la bouche de l'auteur de la *Civilisation en France*. Nul plus que lui ne s'est appliqué à découvrir et à corriger ses défauts d'écrivain, à connaître et à développer ses qualités d'historien. A mesure qu'il se rapproche de la tombe, il semble rajeunir. Je n'en voudrais pour preuves que ce délicieux tableau, *L'Amour dans le mariage,* le grave et doux portrait de sir Robert Peel, et surtout cette *Histoire de France* dont les feuillets épars sont dans toutes les mains, et qui restera, parmi les livres de ce genre, comme l'œuvre la plus complète, la plus attachante et la plus nationale qui ait paru depuis quarante ans.

On sait à quelle inspiration touchante nous devons

ce dernier chef-d'œuvre du maître. M. Guizot se donnait depuis quelques années *le paternel plaisir d'apprendre l'histoire de France à ses petits enfants.* (1) Chaque semaine, il rassemblait autour de lui sa jeune famille, et là, dans son grand fauteuil, un Joinville ou un Froissart à la main, il faisait passer devant ce gracieux auditoire toutes les grandes figures qui ont illustré notre pays, cultivant ainsi dans ces jeunes âmes deux choses également belles, le goût de la science et l'amour de la patrie. En reprenant sur le déclin de sa vie son vieux métier de professeur, M. Guizot s'est rappelé avec émotion sans doute les premiers succès de sa jeunesse, l'éclat de ses cours publics à la Sorbonne ; mais peut-être songeait-il plus souvent encore à la femme accomplie qui avait veillé sur ses tendres années, et qui, elle aussi, lui avait donné ses premières leçons d'histoire. Le souvenir de la grande aïeule a dû planer dans ces entretiens suprêmes du vieillard avec ses petits-enfants. Car c'est d'elle qu'il avait appris que la science est un patrimoine de famille, et qu'on doit la transmettre de père en fils, au même titre que la fortune.

C'est ainsi qu'il passa ses dernières années dans cette retraite studieuse qui est le repos du sage. Il avait renoncé aux agitations entraînantes de la presse et de la tribune ; il vivait comme un patriarche, entouré et respecté des siens, partageant son temps entre ses travaux littéraires et ses méditations religieuses. (2)

(1) Préface de l'*Histoire de France*.
(2) Le journal protestant le *Christianisme au XIXe siècle* a publié la première page du testament de M. Guizot. C'est une profession

Car il l'a dit lui-même dans une lettre intime : « Je ne
» conçois pour l'homme que trois manières d'être : la
» vie de famille, la vie politique et la vie religieuse.
» Aujourd'hui, j'ai les joies de la première, les souve-
» nirs de la seconde, les espérances de la troisième.
» Que me faut-il de plus ? »

Il ne faut rien de plus en effet à une âme vraiment
philosophique. Quand on a vécu de manière à éviter

de foi religieuse qui mériterait d'être gravée sur le marbre. La voici :

« Je meurs dans le sein de l'Église chrétienne réformée de France, où je suis né et où je me félicite d'être né. En lui restant toujours uni, j'ai usé de la liberté de conscience qu'elle reconnaît à ses fidèles dans leurs rapports avec Dieu et qu'elle-même a invoquée pour se fonder. J'ai examiné, j'ai douté ; j'ai cru à la force suffisante de l'esprit humain pour résoudre les problèmes que présentent l'univers et l'homme, pour régler la vie de l'homme selon sa loi et sa fin morale. Après avoir longtemps vécu, agi et réfléchi, je suis demeuré et je demeure convaincu que ni l'univers ni l'homme ne suffisent à s'expliquer et à se régler naturellement et d'eux-mêmes par la seule vertu des lois permanentes qui y président et des volontés humaines qui s'y déploient. C'est ma foi profonde que Dieu, qui a créé l'univers et l'homme, les gouverne et les conserve ou les modifie, soit par ces lois générales que nous appelons naturelles, soit par des actes spéciaux, et que nous appelons surnaturels, émanés, comme le sont aussi les lois générales, de sa parfaite et libre sagesse et de sa puissance infinie, qu'il nous est donné de reconnaître dans leurs effets, et interdit de connaître dans leur essence et leurs desseins.

» Je suis ainsi rentré dans mon berceau, toujours fermement attaché à la raison et à la liberté que j'ai reçues de Dieu, et qui sont mon honneur comme mon droit sur cette terre, mais revenu à me sentir enfant sous la main de Dieu, et sincèrement résigné à ma si grande part d'ignorance et de faiblesse. Je crois en Dieu et je l'adore sans tenter de le comprendre. Je le vois présent et agissant, non-seulement dans le régime permanent de l'univers et dans la vie intime des âmes, mais dans l'histoire des sociétés humaines, spécialement dans l'Ancien et le Nouveau Testament, monuments de la révélation et de l'action divine par la médiation et le sacrifice de Notre-Seigneur Jésus-Christ pour le salut du genre humain. Je m'incline devant les mystères de la Bible et de l'Évangile, et je me tiens en dehors des discussions et des solutions scientifiques par lesquelles les hommes ont tenté de les expliquer. J'ai la confiance que Dieu me permet de me dire chrétien ; et je suis convaincu que, dans la lumière où je ne tarderai pas à entrer, nous verrons en plein l'origine purement humaine et la vanité de la plupart de nos discussions d'ici-bas sur les choses divines.... »

le remords et à conserver l'espérance, on peut, comme M. Guizot, s'endormir du grand sommeil sans redouter la sévérité des hommes ou la justice de Dieu. Aussi, ses derniers moments ont-ils été empreints d'une sérénité profonde. Il s'est éteint doucement, en parlant de la France qu'il avait tant aimée, et en recommandant à ses fils de la bien servir. (1)

Tel fut cet homme éminent qui, durant l'espace de plus de soixante ans, occupa l'attention de ses contemporains, et qui tient une si large place dans l'histoire du XIXe siècle. D'autres diront si ses trente années de luttes politiques valent ses trente années

---

(1) M. Guizot aimait la France d'un amour ardent et passionné. A l'époque de nos plus grands désastres, il a exprimé d'une manière éloquente ses patriotiques angoisses dans une lettre adressée à M. Gladstone, premier ministre d'Angleterre. Nous en détachons le passage suivant ; c'est le portrait le plus ressemblant et le plus judicieux qu'on ait tracé de notre pays :

« On connaît mal, dit-il, on comprend peu la France ; on oublie trop son histoire. Parmi les grandes nations de l'Europe, elle est celle qui, dans le cours de sa longue vie, a commis le plus de fautes, hasardé le plus d'excès téméraires et subi les fortunes les plus diverses. Elle a toujours fini par reconnaître ses erreurs et se relever de ses chutes. Elle est imprévoyante, changeante, sujette à s'engouer et à se dégoûter, soit des idées, soit des personnes. Mais sous cette surface mobile et agitée, il y a un grand fond d'intelligence et de résolution courageuse ; les goûts frivoles, les mœurs légères se répandent aisément parmi nous ; mais ils n'y obtiennent jamais crédit et confiance ; le mal moral a souvent abondé en France ; le bien moral n'y a jamais manqué, ni perdu la première place dans le sentiment public. La France a des instincts nobles et honnêtes, qui résistent et survivent à ses défauts et à ses désordres, même graves. Et dans ses plus grands revers, elle conserve une énergie de vitalité, une puissance de résurrection, s'il est permis d'employer ce terme, qui, selon les circonstances, se manifestent dans l'ordre moral, dans l'ordre politique, dans l'ordre littéraire, dans la vie intellectuelle ou sociale, publique ou domestique du pays. Quiconque ne connaîtra et ne comprendra pas cette diversité, cette mobilité, ces inconséquences, ces misères et ces richesses dans le caractère de la nation française, se trompera soit dans ses jugements sur elle, soit dans ses rapports avec elle, et paiera cher tôt ou tard son erreur. »

d'études historiques. Mais nul ne peut lui contester un rang élevé parmi les écrivains modernes. Il restera comme une des gloires les plus pures de notre littérature nationale.

M. Guizot, en effet, a été l'un des cinq grands historiens de ce siècle. Avec Augustin Thierry, Michelet, Mignet et Thiers, il a fondé définitivement la science historique. Prenant pour bases de ses travaux les *Observations sur l'histoire de France* de l'abbé de Mably, il y a joint ses propres *Essais*, comme pour marquer du même coup le point de départ et le point d'arrivée. Son mérite est d'avoir affermi des opinions jusqu'alors indécises, d'avoir scientifiquement démontré ce qui n'était encore qu'à l'état de conjectures ingénieuses, d'avoir enfin élargi le domaine de l'histoire en ajoutant au récit des événements le tableau des idées, des mœurs, des religions et des lois. Avant lui, on ne tenait compte que des faits politiques, qui constituent proprement la vie extérieure des nations. On ne savait pas encore combien il importe, au point de vue du progrès moral, de connaître la vie intime des individus, afin de mieux juger le groupe auquel ils appartiennent. Quoiqu'il n'ait jamais été bien populaire, ni comme homme d'État, ni comme historien, M. Guizot a pourtant exercé sur l'esprit de son temps une influence incontestable. Ses idées, propagées par de fervents disciples, se sont rapidement répandues. (1)

(1) Nul écrivain n'a mieux que M. Guizot démontré la nécessité du libre examen. Qu'on en juge par ce passage de l'*Histoire de la civilisation en Europe*, 14e leçon, page 427 :
« C'est le devoir et ce sera, je crois, dit-il, le mérite particulier de notre temps, de reconnaître que tout pouvoir, qu'il soit intellec-

Ceux-là même qui ne l'ont jamais lu ont subi sans s'en douter l'ascendant de son génie ; et c'est pourquoi il n'est pas possible de tracer le tableau du mouvement intellectuel de notre époque, sans mettre au premier rang l'œuvre historique de M. Guizot.

Comparé aux historiens de l'antiquité, il n'est inférieur à aucun. Comparé aux historiens modernes, il est supérieur à tous.

Augustin Thierry, l'un des chefs de l'école descriptive, joint à une érudition patiente le style élégant du chroniqueur et le coloris du peintre. C'est à la fois un artiste et un savant. Mais le culte des faits l'emporte chez lui sur l'amour des idées ; il néglige les arts, les lettres, les finances, la diplomatie, en un mot tout ce qui constitue la vie des peuples et l'âme de la civilisation.

Michelet s'est inspiré des beaux travaux de Vico et de Herder. Il a fondé parmi nous l'école symbolique, qui a la prétention de réunir les qualités de l'école descriptive et celle de l'école philosophique. Mais Michelet n'a pas toujours le sens du réel. Sa vive imagination lui fournit trop souvent des portraits de fantaisie qui ne sont qu'à moitié vrais, quoiqu'ils

---

tuel ou temporel, qu'il appartienne à des gouvernements ou à des peuples, à des philosophes ou à des ministres, qu'il s'exerce dans une cause ou dans une autre, que tout pouvoir humain, dis-je, porte en lui-même un vice naturel, un principe de faiblesse et d'abus qui doit lui faire assigner une limite. Or, il n'y a que la liberté générale de tous les droits, de tous les intérêts, de toutes les opinions, la libre manifestation de toutes ces forces, leur coexistence légale, il n'y a, dis-je, que ce système qui puisse restreindre chaque force, chaque puissance dans ses limites légitimes, l'empêcher d'empiéter sur les autres, faire, en un mot, que le libre examen subsiste réellement et au profit de tous. »

soient toujours vivants. Or en histoire les demi-vérités équivalent à des demi-faussetés. Et c'est pourquoi l'on a dit avec raison que si l'auteur de l'*Oiseau* est trop historien pour n'être que poète, il est aussi trop poète pour n'être qu'historien.

M. Mignet, qui procède à la fois d'Augustin Thierry et de Michelet, n'a pourtant ni l'onction du premier ni la verve du second. Lisez son admirable *Histoire de Marie Stuart*. Vous y trouverez toutes les qualités de son merveilleux esprit : l'élégance et la concision du style, la sûreté du jugement, la perfection de la méthode. Qu'y manque-t-il donc ? Une seule chose : l'émotion. M. Mignet brise le fait pour en tirer l'idée, imitant ainsi le chimiste qui détruit les corps pour en connaître la substance. Solide et froid comme un marbre de Paros, il raconte les événements les plus tragiques avec l'impassibilité d'un juge qui lirait un rapport.

Tout autre est M. Thiers. Nature vive, spirituelle, passionnée, il est le seul de ces grands historiens qui puisse balancer la gloire de M. Guizot. Il l'a dit lui-même, l'art en histoire, c'est la transparence du style ; et il a porté cette qualité à un point de perfection que nul n'a pu atteindre. (1) Sa narration est pleine de vie, ses personnages marchent et agissent sous nos yeux, nous assistons à leurs débats ou à leurs exploits, et nous reconnaissons bien vite à leurs actes la vérité du portrait que l'auteur dessine avant de les mettre

---

(1) Thiers, Préface de l'*Histoire du Consulat et de l'Empire*.

en scène. (1) Même dans les questions les plus ardues, telles que les plans de bataille ou les plans de finances, M. Thiers est limpide et clair comme une glace de Venise. On est étonné d'avoir si bien compris, tant la justesse du mot répond à la rectitude de la pensée. Quelques-uns lui ont reproché son *fatalisme historique*, mais on n'a pas remarqué que le fatalisme en histoire n'est pas autre chose que l'enchaînement perpétuel et nécessaire des événements. C'est justement par là que M. Thiers se rapproche de M. Guizot, et mérite de lui être comparé. Si l'on voulait constater des différences, on dirait que M. Guizot écrit l'histoire en philosophe, et que M. Thiers la traite en homme d'affaires. M. Guizot a plus d'élévation dans la pensée, M. Thiers plus de pénétration dans l'esprit. L'un est remarquable par l'étendue de la généralisation, l'autre par l'abondance et la variété des détails. L'historien de la *Révolution d'Angleterre* expose les idées pour en déduire les faits ; l'historien de la *Révolution française* raconte les faits pour en découvrir les lois. Le premier excelle à mettre en relief le caractère d'une institution, comme dans l'*Histoire du gouvernement représentatif* ; le second est passé maître dans l'art d'expliquer un système, comme dans l'*Essai sur Law*. Quand on lit un ouvrage de M. Guizot, on est tenté de s'écrier : C'est beau. Quand on ferme un volume de M. Thiers, on est forcé de dire : C'est juste. Pour chercher un modèle à M. Guizot, il faut s'arrêter à Montesquieu ; pour trouver un ancêtre à M. Thiers, il

(1) Viennet. *Discours à l'Académie française*, séance du 13 décembre 1834.

faut remonter jusqu'à Polybe. Tous deux ont porté haut la perfection du genre historique ; tous deux ont possédé à un égal degré les qualités de l'historien, avec cette seule différence que M. Guizot a exercé plus d'influence sur les talents, et M. Thiers plus d'action sur les idées.

S'il fallait absolument décider entre eux, peut-être donnerions-nous la palme à l'historien de la *Civilisation*. Il a été un ouvrier de la première heure. Dès 1812, il a posé les assises de la science contemporaine, et l'on doit reconnaître, si l'on est juste, que c'est grâce aux travaux de M. Guizot que M. Thiers a pu accomplir les siens.

Mais qu'est-il besoin de leur marquer un rang et de chercher ainsi à diminuer leur taille ? La postérité les confondra certainement dans une commune admiration. Qu'ils restent donc l'un et l'autre sur le même piédestal, comme Corneille et Racine, comme Bossuet et Fénelon, comme Lamartine et Victor Hugo. Car ils sont la preuve éclatante qu'il y a encore de la sève dans notre race, et que la vieille nation française est toujours, quoi qu'on dise, la patrie des grands esprits et des grands caractères.

La Rochelle, Typ. A. SIRET

DU MÊME AUTEUR :

GRÉGOIRE VII *et les origines de la doctrine ultramontaine.* — 2ᵉ édition. — Paris, Thorin, éditeur. 1 vol. in-8º. . 5 fr.

L'HOMME AU MASQUE DE FER, étude historique (épuisé).

Pour paraître prochainement :

MACHIAVEL *et la politique italienne au XVIᵉ siècle.* — 1 vol. in-8º.

www.ingramcontent.com/pod-product-compliance
Lightning Source LLC
Chambersburg PA
CBHW060957050426
42453CB00009B/1208